Le Canada vu de près

Alertes météo d'hiver

Phénomènes climatiques canadiens

Nicole Mortillaro

Texte français de Marie-Josée Brière

D1417711

Éditions Scholastic

Pour papa

Che fantastica storia è la vita.

Références photographiques

Page couverture : Dex Image/Fotosearch; page iv : Firstlight; page 2 : Firstlight; page 3 : Dex Image/Fotosearch; page 10 : Gracieuseté de Parcs Canada; page 12 : Firstlight; page 13 : Gracieuseté d'Environnement Canada; page 14 : Phill Snel/ Canadian Press; page 19 : Gracieuseté d'Electron Microscopy Unit, ARS, USDA; page 20 : Jacques Boissinot/Canadian Press; page 21 : Gracieuseté de NB Power; page 23 : Bill Sykes/Associated Press; page 25 : Gracieuseté d'Hydro Québec; page 28 : Firstlight; page 29 : Gracieuseté de Jerry Shields; page 31 : Gracieuseté de Vincent Chan; page 33 : Chuck Stoody/Canadian Press; page 34 : Gracieuseté de Jamie Pye; page 38 : Fournie par Sea WiFS Project, NASA/Goddard Space Flight Center, et ORBIMAGE; page 40 : Gracieuseté de Chris Gray ©; pages 41 et 43 : Gracieuseté de Peter Jeffery; page 44 : Gracieuseté de Stephen Mayne; page 45 : Gracieuseté de George Kourounis; page 46 : Gracieuseté d'Alister Ling; page 47 : Gracieuseté de Dan Kelly, National Weather Service; page 49 : Gracieuseté de George Kourounis; page 50 : Gracieuseté du National Climatic Data Center de la NOAA; page 51 : Nicole Mortillaro; page 52 : Gracieuseté de James Colwell; page 55 : Gracieuseté de Herb Thoms, Environnement Canada; page 56 : Gracieuseté de la Niagara Falls Public Library; page 58 : Clair Israelson, Canadian Avalanche Association.

Un merci tout particulier à Geoff Coulson, Ian Hickey et Bob Robichaud, qui nous ont fait bénéficier de leur expertise et de leurs conseils

Catalogage avant publication de Bibliothèque et Archives Canada

Mortillaro, Nicole, 1972-

Alertes météo d'hiver : phénomènes climatiques canadiens / Nicole Mortillaro; texte français de Marie-Josée Brière.

(Canada vu de près)

ISBN 0-439-95748-6

1. Hiver—Canada—Ouvrages pour la jeunesse. 2. Canada—Climat—Ouvrages pour la jeunesse. I. Brière, Marie-Josée II. Titre. III. Collection.

QC981.3.M67514 2005   j551.6971   C2005-902561-1

Édition publiée par les Éditions Scholastic,
604, rue King Quest, Toronto (Ontario) M5V 1E1 Canada.

7 6 5 4 3 2   Imprimé au Canada   07 08 09 10 11

Table des matières

Introduction

L'hiver au Canada, qu'est-ce que cela évoque pour toi? Le patinage et la construction de forts de neige? Les multiples épaisseurs de vêtements pour rester bien au chaud? Ou peut-être tout cela à la fois?

En cette saison, nous avons parfois l'impression qu'il fait trop froid pour jouer dehors. Et il arrive que la neige et la glace rendent les déplacements dangereux.

Mais l'hiver au Canada nous réserve aussi bien des plaisirs : jouer dans la neige, faire du ski, de la planche à neige, de la motoneige et de la traîne sauvage, attraper des flocons de neige avec la langue et admirer les arbres couverts de givre qui scintillent au soleil.

L'hiver, ce n'est pas seulement la neige et la glace!

Chapitre 1

Le climat canadien

Le Canada est réputé pour son climat glacial. Le **climat**, c'est le temps qu'il fait dans une région sur une longue période. Bien des gens associent notre climat au froid et à la neige, mais nous avons aussi beaucoup de belles journées chaudes et ensoleillées.

Au Canada, nous avons quatre saisons : le printemps, l'été, l'automne et l'hiver.

Au printemps, le temps se réchauffe. Les plantes et les arbres se mettent à fleurir. En été, la température monte encore plus, et il peut faire très chaud à certains endroits. À l'automne, la plupart des arbres perdent leurs feuilles, et le temps se rafraîchit. Et en hiver, il fait généralement très froid et il y a beaucoup de neige.

Ces saisons se succèdent selon l'inclinaison de la Terre qui parcourt son orbite autour du Soleil. Quand le Canada est tourné vers lui, le Soleil darde ses rayons directement sur nous, et il fait chaud. Quand le Canada est du côté opposé, les rayons nous atteignent obliquement.

C'est le moment de s'habiller chaudement!

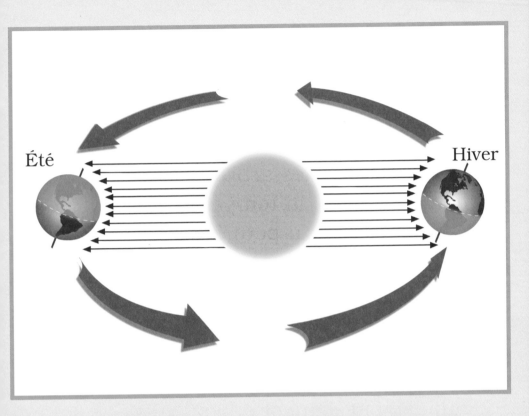

Été

Hiver

Ce n'est pas la distance entre la Terre et le Soleil qui amène l'hiver. En fait, nous sommes plus proches du Soleil l'hiver que l'été. Lorsqu'il fait froid au Canada, c'est parce que notre région sur la planète est inclinée à l'opposé du Soleil. Nous recevons, par conséquent, moins de chaleur.

Le Soleil réchauffe la surface de la Terre, et la chaleur du sol et de l'eau réchauffe, à son tour, l'air qui se trouve au-dessus. L'air chaud, plus léger, monte et se refroidit. Il devient alors plus lourd et redescend.

L'air se déplace normalement des secteurs où sa pression (son poids) est la plus élevée vers ceux où elle est la plus faible. C'est ce qui crée le vent que nous sentons à l'extérieur. Lorsqu'il y a de grandes variations de pression atmosphérique entre les différents secteurs, nous avons des vents très forts.

La température de la Terre varie également à cause des **courants-jets**. Ce sont des vents qui se déplacent rapidement d'ouest en est, très haut dans l'**atmosphère**. Ils sont constamment en mouvement et amènent les différents systèmes météo. Il y a quatre de ces courants-jets autour de la Terre, dont un très puissant qui passe au-dessus du Canada.

Comme le Canada est immense, le temps y est très différent d'une région à l'autre. Le pays est bordé par les

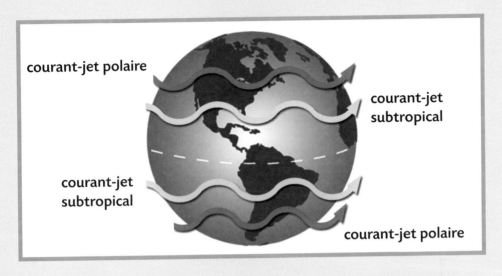

courant-jet polaire

courant-jet subtropical

courant-jet subtropical

courant-jet polaire

Il y a quatre courants-jets autour de la Terre. Le courant-jet polaire qui passe au-dessus du Canada souffle normalement à 110 km/h. La vitesse la plus grande jamais enregistrée est de 300 km/h.

océans Pacifique, Atlantique et Arctique. Le Pacifique, sur la côte Ouest, est chaud, tandis que l'Atlantique, sur la côte Est, est froid, même s'il est traversé par un courant d'eau chaude appelé « Gulf Stream ». Quant à l'Arctique, qui baigne tout le nord du Canada, il est très froid!

La température de l'eau dans chacun de ces océans influe sur la température de l'air au-dessus d'eux.

Une **masse d'air** est un grand volume d'air dont le taux d'humidité et la température sont les mêmes partout. Elle peut se former au-dessus de grandes étendues d'eau ou de vastes zones terrestres qui ont une température uniforme.

Le courant-jet qui passe au-dessus du Canada transporte les masses d'air dans tout le pays, à partir de l'endroit où elles se sont formées – au-dessus de la terre ou de l'océan.

En hiver, le Grand Nord du Canada est la région du pays la plus éloignée du Soleil en raison de l'inclinaison de la Terre. Comme il reçoit moins de rayons solaires directs que le sud du pays, il y fait généralement plus froid.

Les masses d'air qui se forment au-dessus de l'Arctique gelé apportent au Canada ses températures hivernales les plus froides.

Détail météo :

Le vent peut aussi donner l'impression qu'il fait plus froid qu'en réalité. On entend parfois parler du **facteur éolien**. C'est un terme qu'emploient les météorologues pour décrire la température que nous ressentons quand il vente. Par exemple, s'il fait -10 °C dehors et qu'un vent froid souffle assez fort, tu pourras avoir l'impression qu'il fait -25 °C.

Les masses d'air les plus froides restent habituellement dans le nord du pays, et les plus chaudes, dans le sud, mais il arrive que les courants-jets nous réservent des surprises.

Nous en avons eu un exemple parfait en janvier 2005. Le 13, il a fait 17,5 °C à Toronto, un record. On se serait cru au printemps! Le même jour, il faisait -41,8 °C à Whitehorse, au Yukon. Mais deux semaines plus tard, il faisait -15 °C à Toronto, tandis que la température avait grimpé à -4 °C à Whitehorse!

● Voici une photo d'une arche de chinook. Ce type de
nuage apparaît à l'est des Rocheuses et signale que des
vents chauds sont arrivés dans le sud de l'Alberta. Lorsqu'un
chinook souffle en hiver, la température peut s'élever de plus
de 20 °C en quelques heures. À Calgary, le 11 janvier 1983,
un chinook a fait passer la température de -17 °C à 13 °C
en quatre heures seulement – une variation de 30 °C!

Il est important de prendre certaines précautions quand il fait très froid.

❋ Mange un peu avant de sortir. Tu auras ainsi de l'énergie pour garder ton corps au chaud.

❋ Porte quelques épaisseurs de vêtements. L'air emprisonné entre les vêtements peut t'aider à garder ta chaleur mieux qu'avec une seule épaisseur.

❋ N'oublie pas ton chapeau et tes mitaines. Tu n'aimes peut-être pas porter un chapeau, mais il t'aide à conserver une bonne partie de la chaleur de ton corps.

❋ Enfin, si tu as trop froid ou si tu commences à ne plus sentir tes mains ou tes pieds, dépêche-toi de rentrer.

Chapitre 2

Les précipitations

Si tu as déjà passé un hiver au Canada, tu connais la neige. Mais sais-tu d'où elle vient?

La neige est un des types de précipitations. Les **précipitations**, c'est l'eau qui tombe des nuages, en pluie, en neige ou même en grêle. L'hiver, nous pouvons en avoir de toutes sortes.

En 1999, la municipalité de Toronto a dû appeler l'armée en renfort pour aider à dégager la ville après la pire tempête de neige de son histoire. Il est tombé plus de 70 cm de neige au cours des deux premières semaines de janvier, alors que Toronto n'en reçoit normalement que 38 cm pendant tout le mois! Le métro a cessé de fonctionner, et les écoles ont été fermées. Bien des gens n'ont pas pu se rendre au travail. Il a fallu environ deux semaines pour que la ville se remette de cette tempête.

Sous l'effet de la chaleur du Soleil, l'eau de nos ruisseaux, de nos lacs et de nos rivières se change en gaz appelé **vapeur d'eau**. En s'élevant dans l'atmosphère, cette vapeur d'eau se refroidit. Elle se transforme alors en gouttelettes d'eau, et parfois en cristaux de glace si la température est plus basse. Ces gouttelettes et ces cristaux s'agglutinent à d'autres éléments, par exemple des particules de poussière, pour constituer les nuages que nous voyons.

Mais d'où vient la neige? Presque toutes les précipitations commencent sous forme de cristaux de glace, haut dans l'atmosphère, où il fait très froid. Ces cristaux grossissent en amassant de la vapeur d'eau et commencent à s'amalgamer. Quand ils sont suffisamment lourds, ils tombent au sol. S'il fait froid au niveau du sol, les cristaux ne fondent pas, et il neige. S'il fait chaud, il pleut.

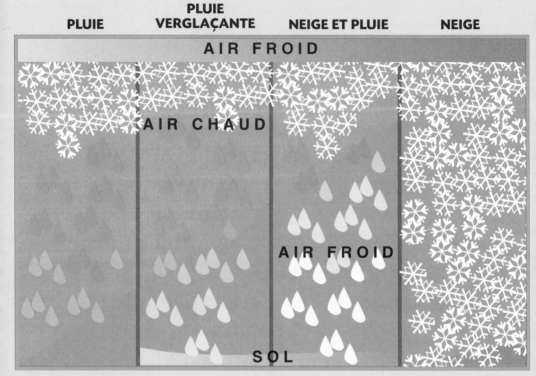

Les précipitations commencent souvent sous forme de cristaux de glace qui fondent en traversant de l'air chaud. Nous avons alors de la pluie. Si l'air est chaud, mais que le sol est froid, les gouttes de pluie regèlent. C'est de la pluie verglaçante. Si les cristaux de glace traversent une masse d'air chaud, ils fondent, mais s'ils entrent ensuite en contact avec une masse d'air froid, ils regèlent en partie et forment un mélange de neige et de pluie. S'ils ne traversent que de l'air froid, ils ne fondent pas; nous avons alors de la neige.

L'eau gèle à 0 °C. Quand la pluie traverse de l'air plus froid que cette température, elle gèle. Quand les flocons de neige traversent une couche d'air plus chaud que 0 °C, ils fondent. Les précipitations peuvent donc passer de la glace à l'eau ou de l'eau à la glace pendant qu'elles tombent. Cela peut arriver plus d'une fois.

Quand la pluie traverse de l'air froid et gèle partiellement, ou quand la neige traverse de l'air chaud et commence à fondre, il se produit des averses de neige et pluie. C'est de la neige fondante qui risque d'imbiber ton chapeau et tes mitaines, et tu peux avoir très froid.

L'hiver, nous avons parfois aussi de la pluie verglaçante. Cette pluie commence sous forme de cristaux de glace qui fondent en traversant une masse d'air plus chaud. Mais il arrive que la température de l'air tout près du sol soit au-dessous du point de congélation. Les gouttes de pluie regèlent donc en touchant des objets froids, par exemple une voiture ou une route. Le sol est alors très glissant et il est dangereux de marcher dehors.

De temps en temps, nous avons aussi de la neige roulée. Ce sont des grains blancs qui ressemblent à de petites boules de neige. Ils se forment dans des nuages où l'air déplace les cristaux de glace avec force tout autour. Les cristaux rebondissent à l'intérieur des nuages et s'enveloppent de gouttelettes d'eau qui gèlent et les font grossir avant qu'ils tombent sur le sol.

Les flocons de neige se transforment aussi en neige roulée quand ils fondent, puis regèlent avant de toucher le sol.

Wilson « Snowflake » Bentley a passé 47 ans de sa vie à étudier les flocons de neige. Il en a photographié plus de 5 000. Et sais-tu ce qu'il a découvert? Qu'il n'y en a pas deux pareils!

Chapitre 3

Les tempêtes de verglas

Les tempêtes de verglas sont probablement les pires phénomènes météo de l'hiver. Elles rendent la conduite dangereuse car les routes sont glissantes. Le poids de la glace sur nos fils électriques peut parfois les briser et nous priver d'électricité – et de chaleur.

Ces tempêtes sont particulièrement fréquentes dans le sud-est du Canada, entre l'Ontario et Terre-Neuve.

Il y a souvent des tempêtes de verglas dans l'est du Québec parce que c'est une vallée. La température y est donc plus basse que dans les terres hautes. Alors, quand la pluie tombe, elle gèle en atteignant cette zone plus froide.

Les provinces de l'Atlantique, particulièrement Terre-Neuve, sont plus touchées par la pluie verglaçante que les autres régions du Canada. En effet, à Terre-Neuve, les hivers sont plus doux, avec des températures variant en moyenne de 0 à -7 °C. L'humidité et l'air plutôt doux de l'océan Atlantique apportent de la pluie, qui gèle quand elle entre en contact avec les températures plus froides du sol, à Terre-Neuve.

Les tempêtes de verglas peuvent causer beaucoup de dégâts. Les branches des arbres ne résistent pas au poids de la glace et se brisent. Elles peuvent tomber sur des maisons et des voitures.

Il est très difficile de prévoir les tempêtes de verglas parce qu'elles se produisent lorsque la température se rapproche de 0 °C. L'eau se change en glace à cette température.

Si la température du sol est au-dessus de 0 °C, les cristaux de glace fondent et se transforment en eau. Si elle est en deçà du point de congélation (0° C ou moins), les gouttelettes d'eau gèlent et deviennent de la glace. Il suffit d'une différence d'un degré pour que nous ayons de la neige, de la pluie verglaçante ou de la pluie.

Détail météo :

Au Canada, les conditions climatiques en hiver tuent chaque année une centaine de personnes... davantage que les ouragans, les tornades, les inondations et la foudre combinés!

L'effondrement de pylônes électriques au Québec, pendant la tempête de verglas de 1998, a entraîné des pannes d'électricité dans toute la province.

Une des pires tempêtes de verglas au Canada a eu lieu en janvier 1998. Pendant cinq jours, l'est de l'Ontario et le Québec ont reçu de la pluie verglaçante, de la neige roulée et de la neige. Des pylônes électriques se sont effondrés sous le poids de la glace, ce qui a causé des pannes d'électricité.

La tempête a frappé une région très peuplée du Canada et des États-Unis. Plus de quatre millions de personnes ont été privées d'électricité, certaines pendant des semaines!

Les agriculteurs n'ont pas été épargnés. Beaucoup d'entre eux ont dû partager des génératrices pour faire fonctionner leurs trayeuses et prendre soin de leurs porcelets nouveau-nés. Au Québec, d'où provient 70 % de la production mondiale de sirop d'érable, beaucoup d'érablières ont été détruites.

C'est l'événement météorologique qui a touché le plus de gens dans toute l'histoire du Canada.

En avril 1956, la ville de St. John's, à Terre-Neuve, a été frappée par une tempête de verglas qui a duré plus de 43 heures. Plus de 200 000 personnes ont perdu l'électricité.

La désastreuse tempête de verglas de 1998

※ Vingt-cinq personnes sont mortes.

※ Environ 900 000 foyers au Québec et 100 000 en Ontario ont été privés d'électricité.

※ Environ 100 000 personnes ont dû se rendre dans des refuges d'urgence.

※ Des millions d'arbres ont été détruits.

※ On estime que 120 000 km de câbles électriques et téléphoniques se sont rompus.

La région a de nouveau été touchée durement en 2002. À Gander, les immeubles, les fils électriques et les arbres étaient couverts de glace.

Chapitre 4

Le blizzard

Il peut être très amusant de jouer dans la neige – de glisser en traîne sauvage, de lancer des boules de neige et de faire des bonshommes de neige.

Mais parfois, une chute de neige est accompagnée de vents violents. C'est ce qu'on appelle un blizzard. Il peut être dangereux de voyager dans ces conditions.

Le blizzard, ce n'est pas seulement une grosse chute de neige. Il faut aussi un ou plusieurs des éléments suivants :

❋ de forts vents, qui peuvent causer de la poudrerie;

❋ une visibilité de moins d'un kilomètre (tu ne peux pas voir à un kilomètre devant toi);

❋ un facteur éolien élevé et un vent froid (au moins -25 °C);

❋ tous ces éléments pendant quatre heures ou plus.

Le Canada connaît de nombreux blizzards chaque hiver, surtout dans le sud des Prairies, les provinces de l'Atlantique et l'est de l'Arctique. Ce phénomène est toutefois rare en Colombie-Britannique, dans l'ouest des Territoires du Nord-Ouest et au Yukon.

Les blizzards sont fréquents dans les Prairies et l'est de l'Arctique parce que ces régions reçoivent souvent de l'air glacial et de forts vents de l'Arctique, pouvant transformer rapidement une chute de neige ordinaire en blizzard. Dans les provinces de l'Atlantique, ils se produisent lorsque cet air froid et ces vents violents rencontrent de l'air chaud et humide venu du sud.

● En mai 2001, à Resolute Bay, au Nunavut, un blizzard a duré deux jours!

En 1947, la Saskatchewan a connu un terrible blizzard qui a duré 10 jours. Toutes les routes d'accès à Regina étaient impraticables. Et, tout près de Moose Jaw, un agriculteur a dû percer un trou dans le toit de son étable pour aller traire ses vaches!

Détail météo :

As-tu déjà remarqué que tout semble plus silencieux après une chute de neige? C'est parce que la neige ne s'est pas encore tassée et qu'elle absorbe les sons. Ce n'est donc pas une illusion : c'est effectivement plus silencieux.

Les blizzards sont rares en Colombie-Britannique, mais il y en a à l'occasion. En 1996, Vancouver et Victoria ont reçu plus de 80 cm de neige entre Noël et le Nouvel An, battant ainsi l'ancien record de 53 cm. Beaucoup de gens n'avaient même pas de pelles!

● En 1996, en Colombie-Britannique, des routes ont été fermées à la circulation à cause d'un blizzard, et de nombreux automobilistes se sont trouvés coincés.

Victoria a été complètement paralysée. Même les ambulances et les voitures de police ne pouvaient pas circuler. La neige, chargée de grésil, était très lourde. Des toits se sont effondrés. Cette tempête de neige – la pire qu'ait connue la Colombie-Britannique en 80 ans – a coûté des millions de dollars à la municipalité.

● De février à avril 2004, des tronçons de la Route translabradorienne ont été obstrués par d'énormes bancs de neige. Il a fallu utiliser des machines lourdes pour pouvoir enfin rouvrir la route en avril.

On dirait bien que ce sont les provinces de l'Atlantique qui ont les pires conditions climatiques au pays. Non seulement elles sont touchées par les ouragans en été, mais elles subissent de forts blizzards en hiver. En décembre 2004, par exemple, Charlottetown, à l'Île-du-Prince-Édouard, a reçu plus de 54 cm de neige, et Moncton, au Nouveau-Brunswick, 48 cm. Puis, en janvier 2005, trois autres blizzards ont frappé la côte Est du pays en trois semaines seulement! Les vents soufflaient jusqu'à 100 km/h à certains endroits; c'est aussi vite qu'une voiture sur l'autoroute! Charlottetown et Moncton ont été ensevelies sous 90 cm de neige de plus. Comment aurais-tu pelleté tout ça?

Détail météo :

Pourquoi ne pouvons-nous pas tout le temps faire des boules de neige? Parce que la neige n'est pas toujours collante. Si l'air est froid et sec, elle n'est pas assez « mouillée » pour s'agglomérer. On parle alors de neige « poudreuse ».

D'autres blizzards mémorables :

❄ Terre-Neuve, 16 février 1959 – Six personnes sont mortes, et 70 000 ont été privées d'électricité.

❄ Iqaluit, Nunavut, 8 février 1979 – Les gens ont dû rester chez eux pendant 10 jours, la température étant tombée à -40 °C. Des vents de 100 km/h ont balayé la neige dans toute la ville.

❄ Winnipeg, 7 et 8 novembre 1986 – Il est tombé environ 30 cm de neige sur la ville en l'espace de 24 heures.

Les tempêtes de neige peuvent être dangereuses même si elles ne réunissent pas tous les éléments nécessaires pour se transformer en blizzard. Elles sont parfois causées par la proximité d'un grand lac.

C'est ce qu'on appelle « l'effet de lac ». Quand la température de l'eau est plus chaude que celle de l'air, la couche d'air près de la surface du lac se réchauffe, s'élève et forme des nuages au contact d'une couche d'air plus froid. La vapeur d'eau s'accumule à l'intérieur de ces nuages, qui sont ensuite poussés par le vent. La neige commence alors à tomber. Ce phénomène est courant dans la région des Grands Lacs, en Ontario.

Détail météo :

Est-ce que la température peut être trop basse pour qu'il neige? Pas vraiment. On a l'impression qu'il ne neige pas quand il fait très froid. C'est parce que l'air très froid ne peut contenir qu'une petite quantité de vapeur d'eau; il neige donc assez rarement par temps froid. Mais à Eureka, au Nunavut, il est tombé 15,2 cm de neige le 23 décembre 1983, alors qu'il faisait seulement -21 °C.

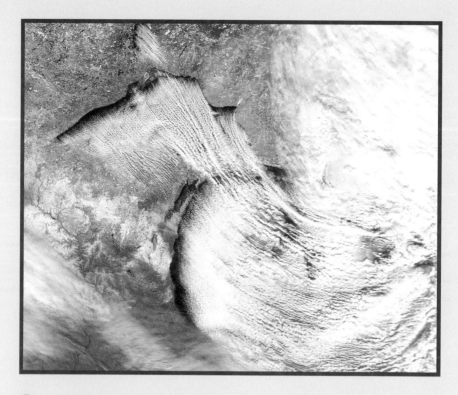

● Cette photo prise par satellite montre une bourrasque de neige au-dessus des Grands Lacs.

Les bourrasques de neige, manifestation particulièrement violente de l'effet de lac, sont également fréquentes dans cette région. Elles se caractérisent par une neige abondante et des vents forts, qui déplacent la neige très rapidement. Les gens ont donc beaucoup de difficulté à voir où ils vont, ce qui rend les bourrasques aussi dangereuses que le blizzard.

Il existe un autre type de tempêtes d'hiver, les « clippers albertains ». Les tempêtes de ce genre prennent naissance à l'est des Rocheuses et se dirigent très vite vers le sud, puis vers l'est pour balayer le sud du Canada et le nord des États-Unis. Elles se déplacent en général assez rapidement avec peu de neige. Elles apportent cependant de l'air froid de l'Arctique et parfois de forts vents qui soufflent sur le peu de neige tombée. Il peut en résulter des conditions similaires au blizzard.

Pour être en sécurité quand un blizzard fait rage :

❋ Reste à l'intérieur.

❋ Fais rentrer tes animaux de compagnie.

❋ Garde beaucoup de piles en réserve pour des lampes de poche et fais attention si tu dois pelleter.

❋ N'essaie pas de soulever trop de neige en même temps – tu pourrais te blesser.

Chapitre 5

Les merveilles hivernales

Il se passe une foule de choses étranges en hiver... et pas seulement des blizzards et des tempêtes de verglas. Les phénomènes météo peuvent être terrifiants et destructeurs, mais aussi magnifiques et exceptionnels, et parfois tout cela à la fois.

L'hiver, au Canada, est une saison propice aux aurores boréales ou lueurs boréales, car la nuit est plus longue. Elles sont causées par une grosse explosion à la surface du Soleil. Si la Terre est bien placée à ce moment-là, les particules libérées par cette explosion peuvent atteindre notre atmosphère, au pôle Nord et au pôle Sud. Ces particules illuminées offrent un magnifique spectacle. Et, chose intéressante, on dirait qu'elles bougent.

Les aurores boréales sont surtout visibles dans le nord du Canada, par exemple au Yukon, dans les Territoires du Nord-Ouest, au Nunavut et dans le nord du Québec.

Mais en novembre 2004, une forte explosion solaire a éjecté une énorme quantité de particules dans notre atmosphère. On a pu voir des aurores très loin vers le sud, jusqu'en Floride, aux États-Unis!

Les aurores boréales illuminent un port à Yellowknife, dans les Territoires du Nord-Ouest.

Les cristaux de glace présents dans notre atmosphère peuvent aussi produire de merveilleux spectacles, particulièrement pendant l'hiver parce que le Soleil est alors plus bas dans le ciel et que sa lumière suit une

Parhélies au-dessus d'un champ enneigé

trajectoire plus oblique à travers l'atmosphère. Quand la lumière frappe ces cristaux sous le bon angle, il est possible de voir des parhélies, des halos ou même des colonnes solaires.

Les parhélies sont des disques lumineux qui apparaissent parfois de chaque côté du Soleil; on les appelle également « faux soleils ».

Les halos solaires sont des cercles autour du Soleil, qui ressemblent à des arcs-en-ciel. La lumière est composée de couleurs différentes, que le Soleil sépare lorsqu'il se trouve dans la position appropriée. Les halos se produisent quand il y a des cirrostratus haut dans le ciel. On peut en voir même la nuit, autour de la Lune.

● Le Soleil, entouré d'un halo

Une colonne solaire s'élève haut dans le ciel, au-dessus de l'horizon.

Les colonnes solaires peuvent se produire au lever ou au coucher du Soleil. Lorsque le Soleil est bas sur l'horizon, un merveilleux faisceau de lumière s'élève dans le ciel.

Avec beaucoup de chance, tu trouveras aussi des rouleaux de neige. Ils sont faits d'une couche de neige enroulée par le vent. On dirait des bûches évidées.

● Après une journée de grand vent, on peut voir plusieurs rouleaux de neige dans ce champ.

Pour que les rouleaux de neige puissent se former, il faut :

✳ de la neige légère, fraîchement tombée,

✳ un réchauffement à juste 1 ou 2 degrés au-dessus de zéro,

✳ un fort vent dans un espace ouvert.

Quand le vent souffle sur la neige, il la roule et la sculpte pour en faire ces amusantes bûches creuses!

Le brouillard de vapeur est un autre phénomène qui se produit parfois l'hiver, quand une masse d'air froid et sec se déplace au-dessus d'un plan d'eau dont la température est plus chaude d'environ 10 °C.

Le vent ne doit pas être trop fort pour que la « vapeur » reste au-dessus de l'eau. L'air chaud et humide monte et se refroidit au contact de l'air froid. On dirait que la vapeur se dégage de l'eau.

● Brouillard de vapeur au-dessus du lac Ontario

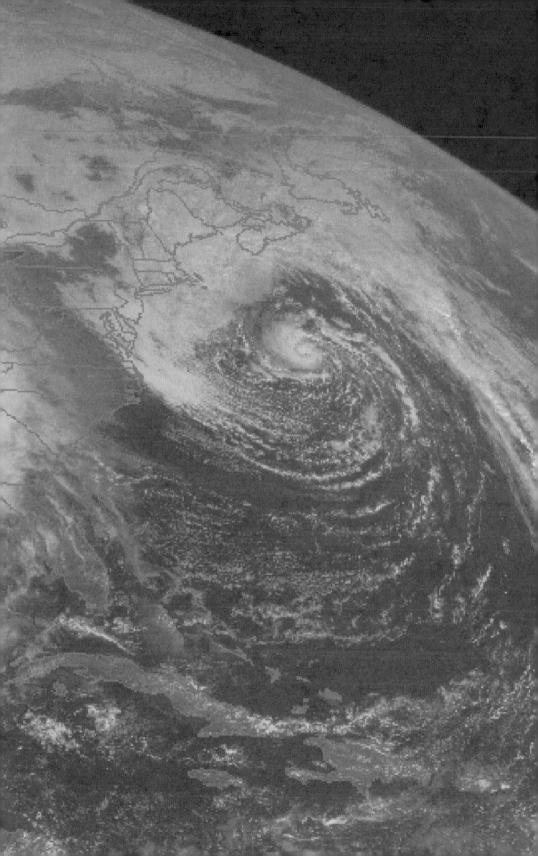

Chapitre 6

Les phénomènes extrêmes

Chaque hiver, le Canada connaît de nombreuses tempêtes, qui portent toutes sortes de noms différents. Le plus souvent, nous les appelons des blizzards, mais as-tu déjà entendu parler des « tempêtes du nordet », des « bombes météo » ou même de la « tempête parfaite »?

Les tempêtes du nordet sont une sorte de blizzard. Elles se produisent normalement entre octobre et avril dans les provinces de l'Atlantique, où elles apportent beaucoup de pluie ou de neige. Elles tirent leur nom du vent qui souffle du nord-est. Elles ont besoin de l'air chaud et humide de l'Atlantique pour se développer. Quand cet air rencontre l'air froid de l'Arctique, attention! La tempête du nordet s'en vient, accompagnée de vent et de temps froid.

● En 1991, une tempête du nordet dans les provinces de l'Atlantique a enseveli la région sous la neige. Sur la photo ci-dessus, devant la maison du milieu, on peut voir le toit d'une voiture enfouie sous la neige.

La Nouvelle-Écosse a été frappée durement en février 2004. Il est tombé 88,5 cm de neige à Halifax, qui est ainsi devenue la plus grande ville au monde à avoir reçu autant de neige en une seule journée.

En octobre 1991, une terrible tempête du nordet a balayé l'Atlantique Nord. Elle comportait trois éléments très puissants : d'abord, de l'air froid en provenance de l'Arctique, poussé vers la côte Est; ensuite, une tempête au large de la Nouvelle-Écosse; enfin – et surtout –, les restes de l'ouragan Grace. Ces trois éléments réunis ont donné naissance à une tempête particulièrement violente, que bien des gens ont qualifiée de « tempête parfaite ». D'énormes vagues ont balayé la côte, et 12 personnes ont perdu la vie au Canada et aux États-Unis.

On appelle bombes météo les tempêtes qui prennent de la puissance très rapidement et qui s'accompagnent de vents très violents et d'une forte humidité. Comme les bombes météo doivent réunir des éléments très précis, elles sont rares. Elles peuvent apporter de la pluie ou de la neige en abondance.

La Nouvelle-Écosse en a connu une en février 2004 qui a provoqué plusieurs blizzards. Ceux-ci ont entraîné la fermeture d'écoles et d'autres immeubles pendant près d'une semaine.

Les embâcles peuvent aussi poser de sérieux problèmes. De gros blocs de

Détail météo :

Une vague de plus de neuf mètres a été observée au large des côtes de la Nouvelle-Écosse pendant la « tempête parfaite » de 1991. Il s'agit d'une des plus grosses vagues jamais observées, aussi haute qu'un immeuble de trois étages.

glace se détachent et flottent au fil de l'eau. Quand ils restent coincés, l'eau ne peut plus s'écouler, causant de graves inondations dans les villes proches du cours d'eau. Si tu es déjà allé aux chutes Niagara, tu auras peut-être du mal à croire que quelque chose puisse arrêter toute cette eau.

● Un embâcle a créé une spectaculaire inondation hivernale à Badger, à Terre-Neuve, en février 2003. Les trois rivières situées à proximité de la ville étaient encombrées de blocs de glace. L'eau a soudainement monté de 2,5 mètres; elle a rapidement crevé la glace et s'est répandue dans la ville. Les jours suivants, la température a baissé à -20 °C, et l'eau qui entourait les maisons et les commerces de la ville a gelé. Certaines personnes n'ont pas pu rentrer chez elles pendant près de deux semaines, et beaucoup d'habitations ont été détruites.

Mais cela s'est déjà produit. En 1848, un embâcle a complètement bloqué la rivière Niagara. Les gens se sont réveillés un matin dans un silence total. Ils ont même pu se promener au bas des chutes! Le lendemain, l'eau a réussi à repousser la glace, et les chutes ont recommencé à couler.

● Jusqu'à ce que trois personnes périssent en 1912, il était permis aux visiteurs des chutes Niagara de traverser à pied en passant par d'énormes « ponts » de glace, qui se formaient quand il faisait très froid.

Détail météo :

Bien que ce soit très rare, des orages peuvent se produire en hiver.
On les appelle parfois
« orages de neige ».

Il arrive que le gel prenne très vite. Lorsque la température est au-dessus de zéro, toute la neige fond, et les rues et les trottoirs sont mouillés. Si la température redescend tout à coup sous le point de congélation, les surfaces mouillées se couvrent rapidement de glace.

Les conditions de ce genre peuvent causer beaucoup d'accidents de la circulation et rendent aussi la marche difficile à l'extérieur.

● Voici une avalanche contrôlée. Elle a été déclenchée volontairement, probablement au moyen d'explosifs. C'est ce qu'on fait souvent quand une zone à proximité d'une route semble menacée par une avalanche. La route est alors fermée jusqu'à ce que l'avalanche soit terminée.

Si tu te trouves près d'une montagne et que tu entends un fort grondement sourd, méfie-toi! C'est peut-être une avalanche. Chaque année au Canada, 13 personnes en moyenne périssent dans des avalanches. Ce phénomène se produit quand une grosse masse de neige ou de glace dévale une montagne. Lorsqu'une couche de nouvelle neige relativement sèche se dépose sur de la neige plus vieille et plus sèche, cette neige fraîche reste

en surface et peut donc glisser
sur celle qui est déjà tombée. Les
avalanches peuvent aussi être
déclenchées par un bruit fort, une
importante chute de neige ou un
réchauffement de la température.
La neige déboule très vite et peut
ensevelir des gens sur son passage.

L'avalanche la plus meurtrière de tous
les temps s'est produite en 1910 au
col Rogers, en Colombie-Britannique.
Des ouvriers s'affairaient à dégager
les voies ferrées, déjà recouvertes
de neige par une autre avalanche;
62 d'entre eux ont perdu la vie.

Records météo :

L'hiver le plus ensoleillé : Calgary (Alb.)
L'hiver le plus venteux : St. John's (T.-N.)
L'hiver le plus froid : Yellowknife (T.N.-O.)
L'hiver le plus doux : Victoria (C.-B.)
Le plus de jours de neige : Val-d'Or (Québec)
La ville la plus enneigée : Gander (T.-N.)

Glossaire

Atmosphère : mélange de gaz qui entoure notre planète

Climat : temps qu'il fait dans une région sur une longue période

Courants-jets : vents qui se déplacent rapidement d'ouest en est, très haut dans l'atmosphère

Facteur éolien : la température que l'on ressent quand il vente

Masse d'air : grand volume d'air dont le taux d'humidité et la température sont les mêmes partout

Précipitations : eau qui tombe des nuages

Vapeur d'eau : gaz qui se forme lorsque l'eau se réchauffe; c'est ce qui compose les nuages